ORAISON FUNÈBRE
DE MONSIEUR
LE PREMIER PRÉSIDENT
DE LAMOIGNON.

Prononcée à Paris dans l'Eglise de Saint Nicolas du Chardonnet le 18. Février 1679.

Par Monsieur FLÉCHIER, Abbé de Saint Severin, de l'Académie Françoise.

A PARIS,

Chez SEBASTIEN MABRE-CRAMOISY, Imprimeur du Roy, ruë Saint Jacques, aux Cicognes.

M. DC. LXXIX.

AVEC PRIVILEGE DE SA MAJESTÉ

ORAISON FUNEBRE
DE MONSIEUR
LE PRINCE DE CONDÉ
EN L'ANNÉE

ORAISON FUNEBRE
DE MONSIEUR
DE LAMOIGNON.

Diligite justitiam, qui judicatis terram; sentite de Domino in bonitate; & in simplicitate cordis quærite illum. *Sap. c. 1. v. 1.*

Aimez la justice, Juges de la terre; ayez des sentimens conformes à la bonté de Dieu; & cherchez-le dans la simplicité du cœur.

E ne viens pas icy, MESSIEURS, renouveller dans vos esprits le triste souvenir d'une mort que vous avez déja pleurée. Laissons aux Infidelles ces longues & sensibles douleurs

A

que la Religion ne modére pas. Comme leurs pertes font irréparables, leur tristesse peut estre sans bornes; & comme ils n'ont point d'espérance, ils n'ont pas aussi de consolation. Pour nous, à qui Dieu, par sa grace, a révelé ses veritez, nous avons leû dans ses Ecritures, qu'il y a un temps de pleurer, & une mesure de larmes; que le Soleil qui ne doit jamais se coucher sur nostre colére, ne doit pas se coucher plus de sept fois sur nostre affliction; & que la mesme charité qui nous fait regreter la mort des Fidelles, nous fait espérer leur résurréction, & nous invite à nous réjouïr de leur bonheur.

Eccl. 3.
Psal. 79.
Eccl. 22.

Pourquoy r'ouvrirois-je donc une playe que le temps & la raison doivent avoir déja fermée? N'attendez-pas, MESSIEURS, que je déplore icy le néant & la misére des hommes; je ne viens que loûër la grandeur & la miséricorde du Seigneur. Je veux vous apprendre à chercher Dieu dont la durée est éternelle, & non pas à vous affliger pour des créatures qui finissent; & dans l'éloge que j'entreprens de MESSIRE GUILLAUME DE LAMOIGNON

PREMIER PRESIDENT DU PARLEMENT, ce n'eſt pas mon deſſein d'exagerer la perte que vous avez faite d'un homme juſte ; mais de vous porter à aimer comme luy la Juſtice, *Diligite juſtitiam, &c.*

Dans ces jours de trouble & de deüil, où l'on ſe ſent comme frapé du ſpectacle ſenſible d'une mort récente & inopinée, on ſe renferme tout en ſoy-meſme, & l'on s'occupe de ſa douleur. Si l'on fait quelques réfléxions, c'eſt en général ſur l'inconſtance & ſur la vanité des choſes humaines, ſans deſcendre juſqu'à ſes propres défauts, ou à ſes infirmitez particuliéres. On cherche à ſe conſoler plûtoſt qu'à s'inſtruire ; & ſi l'on parle des bonnes œuvres de ceux qui ſont morts, c'eſt pour juſtifier les larmes qu'on verſe pour eux, plûtoſt que pour profiter de leurs exemples. Mais il eſt temps de nous élever par la Foy au deſſus des foibleſſes de la nature. C'eſt peu de reconnoiſtre la néceſſité de mourir, l'importance meſme de bien mourir, ſi l'on n'en tire des motifs & des conſéquences pour bien vivre ;

& c'est en vain qu'on croit honorer la mémoire des gens-de-bien qui sont décedez, si l'on ne va recueillir les restes de leur esprit, sur ces tombeaux où l'on rend des honneurs funébres aux tristes dépouïlles de leur corps mortel.

C'est dans cette veûë, MESSIEURS, que je dois vous representer aujourd'huy un Magistrat qui n'a rien ignoré, ni rien négligé dans son Ministére, & qu'aucun intérest ne détourna jamais du droit chemin de l'équité; un homme doux & secourable, qui a sceû tempérer l'austerité des Loix & de la Justice, par tous les adoucissemens qu'inspirent la miséricorde & la charité; un Chrestien qui a consacré ses vertus morales & politiques par une pieté simple & sincére. Je laisse à Dieu, qui seul est le Maistre du cœur des hommes, & qui les touche quand il veut par l'efficace qu'il donne aux bons exemples, à graver dans vos cœurs ces sentimens de droiture, de bonté, & de religion que je vous propose. Pour moy, je ne puis que vous redire de sa part ces paroles de mon texte, *Aimez la Justice, ayez des senti-*

mens conformes à la bonté du Seigneur, & cherchez-le dans la simplicité du cœur.

DIEU, dont la Providence destine les Juges pour gouverner son peuple, comme elle destine les Prestres pour le sanctifier, & qui conduit les uns & les autres par les sentiers de sa justice, & par la voye de sa verité; Dieu, MESSIEURS, disposa luy-mesme, par une heureuse naissance, M. DE LAMOIGNON à porter ses loix, & à exercer ses Jugemens dans le plus auguste Senat du monde.

Il nasquit d'une des plus nobles & plus anciennes Maisons du Nivernois, qui aprés s'estre distinguée dans les emplois militaires avant le Regne mesme de Saint Louïs, entrant depuis sous Henri II. dans les premiéres dignitez de la Robe, a soustenu dans le Parlement la gloire qu'elle avoit aquise dans les armées ; & quoyqu'elle ait changé de profession, n'a rien diminué de l'éclat & de la grandeur de son origine : semblable à ces fleuves, qui trouvant de nouvelles pentes, & se creusant avec le temps un nouveau canal, vont arroser d'autres campagnes, & ne perdent rien de l'abondance ni de la pureté de leurs eaux, encore qu'ils ayent changé de lit & de rivage.

Mais ne loüons de sa naissance que ce qu'il en loüa luy-mesme, & disons, qu'il sortoit d'une famille où l'on ne semble naistre que pour exercer la justice & la charité; où la vertu se communique avec le sang, s'entretient par les bons conseils, s'excite par les grands exemples; où les Peres ont plus de soin du salut de leurs héritiers que de l'accroissement de leurs héritages; où les Enfans aiment mieux succeder à la probité qu'à la fortune de leurs Peres; & où la crainte de Dieu, la misecorde & la paix sont les regles de la discipline domestique.

Privé, dans ses jeunes ans, de l'instruction & des secours d'un Pere dont il n'avoit fait qu'entrevoir les bons exemples, & dont il devoit long-temps ressentir la perte, il demeura sous la conduite d'une Mere que les pauvres avoient toûjours regardée comme la leur. Aussi la tendresse qu'elle eût pour l'un ne diminua pas la pitié qu'elle avoit des autres: elle crût que ses aumosnes ne seroient pas infructueuses; qu'elle recueïlleroit dans sa famille ce qu'elle semoit dans les hospitaux; qu'ayant soin des pauvres de JESUS-CHRIST, JESUS-CHRIST auroit soin de ses Enfans, & qu'elle ne pouvoit leur apprendre rien de plus important que les maximes Evangéliques, ni leur laisser un bien plus solide que la succession de sa charité.

Ses espérances ne furent pas trompées, MESSIEURS; Dieu présida luy-mesme à l'éducation de ce Fils qu'elle luy avoit tant de fois offert. Il le prévint de ses benédictions spirituelles, & luy fit éviter par sa grace ces dangereuses passions qui sont comme les écueils où l'ardeur de l'âge, la licence du siécle, la corruption de la nature, le mauvais exemple, & souvent le mauvais conseil, poussent une jeunesse inconsidérée.

Aussi remarqua-t-on bientost en luy tout ce qui fait les grands Magistrats: un cœur docile pour recevoir les impressions de la verité, noble pour s'élever au dessus des passions & des interests, tendre pour assister les malheureux, ferme pour résister à l'iniquité : un esprit avide de tout sçavoir, & capable de tout apprendre ; prompt à concevoir les matiéres les plus élevées, heureux à les exprimer quand il les avoit une fois conceûës ; discernant non-seulement le bon d'avec le mauvais, mais encore le meilleur d'avec le bon ; appliqué à examiner les difficultez, & à les résoudre ; à chercher la verité, & à la suivre, aprés qu'il l'avoit découverte ; à connoistre tout, & à tirer toûjours quelque fruit de ses connoissances. Cette sagesse avancée le fit dispenser des régles ordinaires de l'âge. On connut la maturité de son jugement, & l'on ne compta pas le nombre de ses années : il s'assit à dix-huit ans avec les Anciens d'Israël, & se mit à juger comme eux les différends qui naissent parmi le peuple.

Ne croyez pas, MESSIEURS, qu'il fust entré sans vocation dans le Sanctuaire de la Justice. Il sçavoit que les premiéres Loix qu'il faut étudier sont celles de la Providence ; que la Judicature est une espéce de Sacerdoce, où il n'est pas permis

de

de s'engager sans l'ordre du Ciel ; & que JESUS-CHRIST n'a pas moins esté fait Juge que Pontife par son Pere. Aussi avant que d'entrer dans les Charges, il voulut en connoistre les devoirs. Le premier Tribunal où il monta, fut celuy de sa conscience, pour y sonder le fond de ses intentions. Il n'écouta ni l'orgueïl, ni l'ambition, ni l'avarice. Il consulta Dieu, à qui appartient le conseil & l'équité ; & Dieu luy marqua la route qu'il vouloit luy faire suivre.

Ce fut alors que se considérant dans une profession où les questions sont si différentes, & les droits si difficiles à démesler ; où l'on décide des biens, de l'honneur, & de la vie des hommes ; & où les fautes ne sont jamais petites, & sont presque toûjours irréparables : il ne craignit rien tant que l'erreur dans ses Jugemens. Il passa les jours & les nuits à l'étude : & quel progrés n'y fait-on pas, quand on soustient de longues veilles par la santé & par la constance, quand, outre ses propres lumiéres, on a le conseil & la communication des grands hommes, & quand on

B.

joint à l'affiduité du travail, la facilité du génie? Il auroit crû manquer à la partie la plus effentielle de fon eftat, fi comme il fentoit fes intentions droites, il ne les rendoit éclairées. Auffi difoit-il ordinairement, qu'il y avoit peu de différence entre un Juge méchant, & un Juge ignorant. L'un au moins a devant fes yeux les regles de fon devoir & l'image de fon injuftice; l'autre ne voit ni le bien ni le mal qu'il fait: l'un peche avec connoiffance, & il eft plus inexcufable; mais l'autre peche fans remords, & il eft plus incorrigible. Mais ils font également criminels à l'égard de ceux qu'ils condamnent ou par erreur, ou par malice. Qu'on foit bleffé par un furieux, ou par un aveugle, on ne fent pas moins fa bleffeûre; & pour ceux qui font ruinez, il importe peu que ce foit ou par un homme qui les trompe, ou par un homme qui s'eft trompé.

Ces réfléxions, MESSIEURS, redoublérent fon ardeur. Il aquit une parfaite connoiffance du Droit humain & du Droit divin, une intelligence profonde des Loix & de la Couftume, un ufage familier des formalitez & des procédures. Sçavans & immenses recueils où il renferma la Jurisprudence ancienne & nouvelle, vous pourriez estre des témoins publics de ce que je dis ; du moins serez-vous entre les mains de ses Descendans, comme un dépost sacré, & un monument précieux de son esprit & de son travail.

Ce seroit icy le lieu de vous le faire voir dans la Justice du Conseil, où son mérite l'avoit appellé, favorisant la bonne cause, décidant la douteuse, dévelopant la difficile, renonçant à tous ses plaisirs, hormis à celuy qu'il recevoit en accomplissant ses devoirs. Je le donnerois pour exemple à ceux qui renversant l'ordre des choses, se font une occupation de leurs amusemens, & qui ne donnent à leurs Charges que les restes d'une oisiveté languissante, comme s'ils n'estoient Juges que pour estre de temps en temps assis sur les fleurs de Lys, où ils vont peut-estre resver à leurs divertissemens passez dont ils ont l'imagination encore remplie, ou réparer par un mortel assoupissement les veilles qu'ils ont données à leurs plaisirs.

B ij

Je ne veux que vous faire souvenir de la cause célébre de ces Estrangers, que l'esperance du gain avoit attirez des bords du Levant, pour porter en Europe les richesses de l'Asie. Contre la liberté des mers & la fidelité du commerce, des Armateurs François leur avoient enlevé & leurs richesses, & le vaisseau qui les portoit. Ceux qui devoient les secourir, aidoient eux-mesmes à les opprimer. On avoit oublié pour eux non-seulement cette pitié commune qu'on a pour tous les malheureux, mais encore cette politesse singuliére que nostre Nation a coustume d'avoir pour les Estrangers. Eloignez de leurs amis par tant de terres & par tant de mers, dans un païs où l'on ne pouvoit les entendre, où l'on ne vouloit pas mesme les écouter, ils eûrent recours à M. DE LAMOIGNON, comme à un homme incorruptible, qui prendroit le parti des foibles contre les puissans, & qui débrouïlleroit ce cahos d'incidens & de procédures dont on avoit envelopé leur cause.

Il le fit, MESSIEURS: il alluma tout son zele contre l'avarice ; il leva les voiles qui couvroient ce myſtére d'iniquité ; & rapporta durant trois jours au Conſeil du Roy cette affaire avec tant d'ordre & de netteté, qu'il fit reſtituer à ces malheureux ce qu'ils croyoient avoir perdu, & les obligea d'avoüer ce qu'ils avoient eû peine à croire, qu'on pouvoit trouver parmi nous de la fidélité & de la juſtice.

Mais je paſſe à des choſes plus importantes. Voyons-le dans la premiére Charge du Parlement, & montrons par la dignité, comme diſoit un Ancien, quel a eſté l'homme qui l'a poſſedée. Les Rois, en des ſiécles plus innocens, furent autrefois eux-meſmes les Juges du Peuple. Rappellez en voſtre mémoire ces premiers âges de la Monarchie. La fraude, l'ambition, l'intéreſt, vices encore naiſſans & peu connus, avoient à peine commencé d'alterer la bonne foy & l'heureuſe ſimplicité de nos Peres. Ils vivoient la pluſpart contens de ce qu'ils avoient receû de la fortune, ou de ce qu'ils avoient aquis par leur travail. Comme ils poſſédoient leur propre bien ſans inquiétude, ils regardoient celuy des autres ſans envie. Leurs eſpérances ne s'étendoient pas au-delà de leur condition ; & les bornes de leurs héritages estoient les bornes de leurs desirs.

Comme les procés estoient rares, & qu'il ne falloit pour les juger que les principes communs d'une équité naturelle, les Souverains tenoient eux-mesmes leur Parlement. Ils descendoient du Trosne pour monter sur le Tribunal ; & se partageant entre le bien public & le repos des particuliers, aprés avoir calmé ces grandes tempestes qui troublent les régions supérieures de l'Estat, ils venoient dissiper ces petits orages, qui s'élevent quelquefois dans les inferieures.

Mais depuis que la Justice gemit sous un amas de loix & de formalitez embarrassées, & qu'on s'est fait un art de se ruiner les uns les autres par la chicane, les Rois n'ont pû suffire à cette fonction. Occupez à soustenir de longues & sanglantes guerres, à rompre des ligues que forme contre eux la jalousie qu'on a de leur puissance, à réünir une infinité d'interests, pour donner au monde une paix durable, ils sont contraints de remettre, comme Moyſe, cette Juſtice tumultueuſe à des hommes ſages qui craignent Dieu, en qui ſe trouve la verité, & qui haïſſent l'avarice. *Exod. 18.*

L'importance, MESSIEURS, c'eſt de leur choiſir un Chef, & jamais choix ne fut plus loüable que celuy qu'on fit de M. DE LAMOIGNON. Quelles penſez-vous que furent les voyes qui le conduiſirent à cette fin? La faveur? Il n'avoit eû d'autres relations à la Cour que celles que luy donnérent ou ſes affaires, ou ſes devoirs. Le hazard? On fut long-temps à déliberer; & dans une affaire auſſi délicate, on crût qu'il falloit tout donner au conſeil, & ne rien laiſſer à la fortune. La cabale? il eſtoit du nombre de ceux qui n'avoient ſuivi que leur devoir; & ce parti, quoy-que le plus juſte, n'avoit pas eſté le plus grand. L'habileté à ſe ſervir des conjonctures? Ces temps difficiles eſtoient paſſez où l'on donnoit les Charges par néceſſité plûtoſt que par choix, & où chacun voulant profiter des troubles de l'Eſtat, vendoit cherement ou les ſervices qu'il pouvoit rendre, ou les moyens qu'il avoit de nuire. La réputation qu'il s'estoit aquise dans le Parlement & dans le Conseil, fut sa seule sollicitation auprés des Puissances. Elles luy déclarérent qu'il ne devoit son élevation qu'à son mérite, & qu'il n'auroit pas esté préferé, si l'on eust connu dans le Royaume un sujet plus fidelle & plus capable de cét employ.

Quelle fut alors son application? Il crût que Dieu l'avoit mis dans le Palais comme Adam dans le Paradis, pour y travailler; & répondit depuis à ceux qui le prioient de se mesnager, *Que sa santé & sa vie estoient au public, & non pas à luy.* Vous diray-je qu'il se fit une religion d'écouter les raisons des parties, & de lire tous leurs mémoires, quelque longs & ennuyeux qu'ils pussent estre, sans se fier à ces extraits mal digerez, & souvent tracez à la haste par des mains infidelles, ou négligentes, qui confondent les droits, & défigurent une bonne cause? Vous diray-je que s'estant engagé à ne donner jamais les Rapporteurs qu'on luy demandoit, il fit agréer à un grand Ministre, & à une grande Reine, qu'il ne s'en dispensast pas

en

de Monsieur de Lamoignon. 17

en leur faveur; oſtant ainſi aux particuliers l'eſpérance d'obtenir de luy, par importunité, ou par amitié, ce qu'il n'avoit accordé ni à la reconnoiſſance qu'il avoit pour ſon Bienfaiteur, ni au reſpect qu'il devoit à la plus grande Reine du monde.

Paſſons de ſes actions à ſes principes, & diſons qu'il ſe dépouïlla de certains intéreſts délicats, qui ſont les ſources de la foibleſſe & de la corruption des hommes. Qu'il eſtoit éloigné de l'humeur de ces hommes vains & intereſſez qui n'aiment la vertu que pour la réputation qu'elle donne, & qui n'auroient point de plaiſir à bien faire, s'ils n'avoient l'art de faire valoir tout le bien qu'ils font! Il s'eſtoit mis au deſſus de ce faux honneur. S'il falloit faire réüſſir une grande affaire, d'autres auroient choiſi les moyens les plus éclatans; il choiſiſſoit les plus ſeûrs & les plus utiles. S'il devoit donner ſes avis, il regardoit non pas ce qui ſeroit le plus approuvé, mais ce qu'il croyoit le plus équitable. Il ne ſe piquoit pas d'eſtre l'auteur des bonnes réſolutions qu'il avoit fait prendre; c'eſtoit aſſez pour luy qu'on les euſt priſes.

C

Combien de projets a-t-il faits, ou réformez? Combien d'ouvertures a-t-il données? Combien de services a-t-il rendus, dont il a dérobé la connoissance à ceux qui en ont ressenti les effets? Ainsi, utile sans intérest, vertueux sans vouloir se faire honneur de sa vertu, il s'aquita de ses devoirs pour la seule satisfaction de s'en estre aquité; & ne voulut dans toutes ses actions d'autre regle que sa fidélité, d'autre but que l'utilité publique, d'autre récompense que la gloire de bien faire.

C'est dans ce mesme esprit qu'il méprisa souvent les bruits du vulgaire, & que se renfermant dans ses bonnes intentions, il luy abandonna les apparences. Il crût qu'un Magistrat devoit penser, non pas à ce qu'on disoit de luy, mais à ce qu'il se devoit à luy-mesme; & que pour servir le public, il falloit quelquefois avoir le courage de luy déplaire. C'est ainsi que suivant le conseil d'un des plus grands hommes de l'Antiquité, il ne considera ni la fausse gloire, ni le faux deshonneur; & que ni les loüanges, ni les murmures ne pûrent jamais le détourner de son devoir.

Q. Fabius Max. apud Liv. l. 2. Decad. 3.

C'est par ce désinteressement qu'il se réserva cette liberté d'esprit si nécessaire dans la place qu'il occupoit. Car, MESSIEURS, qu'est-ce qu'un premier Magistrat, sinon un homme sage, qui est établi pour estre le censeur de la pluspart des folies des hommes, & qui voyant autour de luy toutes les passions, n'en doit avoir aucune en luy-mesme? L'un tasche à l'émouvoir par des images affectées de sa misére; l'autre travaille à l'éblouïr par des apparences de droit, & par des raisons specieuses. Celuy-cy, par des soupçons artificieux, veut l'animer contre l'innocence de sa partie. Celuy-là employe l'autorité, & quelquefois mesme l'amitié; corruption d'autant plus dangereuse, qu'elle est plus douce. Chacun voudroit luy communiquer ses préventions, luy dicter l'Arrest qu'il se dresse luy-mesme dans son esprit selon son caprice, & de Juge qu'il est de sa cause, en faire le complice de sa passion. M. DE LAMOIGNON se sauva de tous ces piéges: il jugea comme les Loix jugent, par les seules regles de l'équité, & non pas par aucune impression étrangére.

Que ne puis-je vous faire voir, du moins en éloignement, des espérances rejettées, quand elles ont pû l'engager à quelque basse complaisance? des ressentimens étouffez, lors qu'il a eû le pouvoir de se venger? des reproches soustenus constamment, quand il a eû pour luy le témoignage de sa conscience? l'Amitié & le Respect mis au dessous de la Justice, & sa propre Réputation sacrifiée au bien public? Icy, MESSIEURS, mon silence le loüe plus que mes paroles. Il vous paroist sans doute plus grand par les actions que je ne dis pas, que par celles que j'ay dites. La posterité les verra, quand le temps, qui devore tout, aura rongé les voiles qui les couvrent, & qu'il ne restera plus d'intérest que celuy de la verité. Cependant Dieu les voit, & il en est luy-mesme la récompense.

Mais avons-nous besoin, pour loüer son intégrité, de découvrir ses actions secrétes? En cherchons-nous de témoignage plus éclatant que celuy qu'en donna le Roy, quand il consentit que les premiéres places du Parlement fussent occupées par sa famille ? Il voulut donner cette marque extraordinaire de confiance à celuy de qui il avoit receû tant de preuves de fidélité. Il jugea que ceux qui appartenoient à ce grand-homme, n'eſtoient capables de conſpirer que pour ſon ſervice & pour le bien de ſes Sujets ; & que recevant de plus prés les influences pures & lumineuſes du Chef, ils les communiqueroient aprés à leur Compagnie.

Ainſi ne craignant pas pour eux ces conſéquences dangereuſes qu'il avoit ſagement préveûës pour d'autres, il crût qu'il pouvoit violer une de ſes loix en faveur de ceux qui feroient obſerver toutes les autres ; & que les unir dans un meſme corps, ce n'eſtoit pas donner lieu à la corruption, ou renverſer l'ordre, mais récompenſer la vertu, & fortifier le parti de la juſtice. Les ſervices que chacun d'eux rend tous les jours dans ſes fonctions, juſtifient aſſez le jugement qu'en a fait le Prince. N'avois-je pas raiſon de vous exhorter à imiter la ſageſſe & l'équité de ce célébre Magiſtrat ? Je ne ſuis pas moins fondé à vous dire, *Imitez comme luy la bonté de Dieu.*

C'EST une verité, MESSIEURS, & JESUS-CHRIST mesme nous l'enseigne dans son Evangile, que la bonté, à proprement parler, est le caractére de Dieu seul; soit parce qu'il n'appartient qu'à luy de se communiquer aux hommes par cette varieté de dons & de graces qui sont les tresors de sa miséricorde, & les richesses de sa bonté; soit parce qu'estant infiniment puissant, comme il est infiniment bon, il veut tout le bien qu'il peut faire, & il fait tout le bien qu'il veut. Toutefois il s'éleve dans tous les temps certaines Ames bienfaisantes, qui servant comme d'instrument à cette bonté souveraine, ne donnent d'autres bornes à leur charité, que celles que Dieu a données à leur pouvoir.

Nemo bonus, nisi solus Deus. Marc. c. 10.

Tel estoit M. DE LAMOIGNON. S'il m'estoit libre d'alléguer icy ces expressions vives & nobles dont il s'est servi pour exprimer les nécessitez des Peuples, vous verriez combien il estoit sensible à toutes leurs peines. Je laisse ces Audiences secrétes, où la verité prudente, mais courageuse, a soustenu dans les occasions l'autorité des Loix & de la Justice. Il ne m'appartient pas de réveler ce qui s'est passé dans le Sanctuaire. Je parle de ces Remontrances, où meslant le respect que doit un Sujet à son Souverain avec cette confiance que doit avoir un Magistrat qui porte la parole de la Justice devant le Roy du monde le plus juste, il a parlé des interests publics selon les regles de sa conscience.

Mais il faudroit avoir sa prudence, pour ne dire que ce qu'il faut; son éloquence, pour le dire efficacement; sa voix & son action, pour conserver tout le poids & toute la grace qu'il avoit accoustumé de donner à ses paroles.

Voyons-le dans l'exercice ordinaire de sa Charge. Eloignez de vos esprits cette idée qu'on a d'ordinaire de la Justice, qu'elle doit estre toûjours aveugle, toûjours effrayante, toûjours armée. Il la rendit, sans l'amolir, douce & traitable. Il leva le bandeau qui fermoit ses yeux, & luy laissa jetter des regards de pitié sur les miserables; & sans luy retrancher aucun de ses droits, il luy osta toute sa rudesse. Je puis attester icy la foy publique. Ceux qui eûrent besoin de son secours, trouvérent-ils jamais entre eux & luy des barriéres impénétrables? Fallut-il essuyer à sa porte de mauvaises heures, pour attendre un de ses momens commodes? Fut-il jamais inaccessible, je ne dis pas à ses amis, je dis aux indiscrets & aux importuns? Refusa-t-il à quelqu'un la liberté de luy dire les choses nécessaires ; n'accorda-t-il pas à plusieurs la consolation de luy en dire de superfluës? Quelqu'un luy parlant d'une affaire, pût-il, par quelqu marque de chagrin ou d'impatience, s'appercevoir qu'il en eust d'autres? Affligea-t-il les malheureux, & leur fit-il acheter, par quelque dureté, la justice qu'il leur a renduë? Je parle avec d'autant plus de confiance, que j'ay pour témoins de ce que je dis la plufpart de ceux qui m'entendent.

Il ne regla jamais sur la faveur ou sur la disgrace des personnes, le bon ou le mauvais accueil qu'il leur vouloit faire. Il écoutoit avec patience, & répondoit avec douceur. *N'adjouftons-pas*, a-t-il dit souvent, *au malheur qu'ils ont d'avoir des procés,*

procés, celuy d'estre mal receûs de leurs Juges : nous sommes établis pour examiner leur droit, & non pas pour éprouver leur patience. Loin d'icy ces Juges sevéres, qui, selon le langage du Prophéte, rendent les fruits de la Justice amers comme de l'absynte ; qui perdent le mérite de leur équité par leur austerité chagrine ; & qui fiers de leur pouvoir, & mesme de leur vertu, redoutables indifféremment aux innocens & aux coupables, font croire qu'ils ne rendent la Justice aux uns qu'à regret, & aux autres qu'avec colére. Celuy que nous loûons avoit une conduite bien différente. Il ne rebuta jamais personne. Favorable à ceux qui méritoient sa protection, civil à ceux à qui il ne pouvoit estre favorable, il faisoit connoistre aux bons qu'il eust voulu les satisfaire sans leur donner la peine de solliciter, & aux méchans qu'il eust voulu les corriger, sans avoir le déplaisir de les punir.

Amos c. 6.

Combien de fois a-t-il essayé de banir du Palais ces lenteurs affectées, & ces détours presque infinis, que l'avarice a inventez, afin de faire durer les procés par les Loix mesmes qu'on a faites pour les finir, & de profiter en mesme temps des dépouïlles de celuy qui perd & de celuy qui gagne sa cause? Combien de fois a-t-il arresté la licence de ceux, qui, sur la foy & sur la tradition des ennemis & des envieux, débitent impunément en plaidant des médisances, & qui par des railleries piquantes, taschent de rendre au moins ridicules, ceux qu'ils ne peuvent rendre criminels? Combien de fois, par des accommodemens raisonnables, a-t-il arresté le cours de ces divisions qui passent des peres aux enfans, & qui se perpetuënt dans les familles?

Peut-estre doutez-vous MESSIEURS, qu'estant éloigné des yeux du public, il fut encore égal à luy-mesme? Entrons dans sa vie privée. Que ne puis-je vous le montrer parmi ce nombre de gens choisis, qui formoient chez luy une Assemblée, que le sçavoir, la politesse, l'honnesteté rendoient aussi agréable qu'utile? C'est-là que ne se réservant de son autorité que cét ascendant que luy donnoit sur le reste des hommes la facilité de son humeur, &

la force de son esprit, il communiquoit ses lumiéres, & profitoit de celles des autres. C'est-là qu'il a souvent éclairci les matiéres les plus embrouillées, & que sur quelque genre d'érudition que tombast le discours, on eust dit qu'il en avoit fait son occupation & son étude particuliére. C'est là qu'aprés avoir écouté les autres, il reprenoit quelquefois les sujets qu'on croyoit avoir épuisez, & que recueillant les épics qu'on avoit laissez aprés la moisson, il en faisoit une récolte plus abondante que la moisson mesme.

Que ne puis-je vous le representer tel qu'il estoit, lors qu'aprés un long & pénible travail, loin du bruit de la ville, & du tumulte des affaires, il alloit se décharger du poids de sa dignité, & joüir d'un noble repos dans sa retraite de Baville ? Vous le verriez tantost s'adonnant aux plaisirs innocens de l'agriculture, élevant son esprit aux choses invisibles de Dieu par les merveilles visibles de la nature. Tantost méditant ces éloquens & graves discours qui enseignoient, & qui inspiroient tous les ans la justice, & dans lesquels formant l'idée d'un homme de bien, il se décrivoit luy-mesme sans y penser. Tantost accommodant les différends que la discorde, la jalousie, ou le mauvais conseil font naistre parmi les habitans de la campagne; plus content en luy-mesme, & peut-estre plus grand aux yeux de Dieu, lors que dans le fond d'une sombre allée, & sur un tribunal de gazon, il avoit asseûré le repos d'une pauvre famille, que lors qu'il décidoit des fortunes les plus éclatantes, sur le premier Trosne de la Justice.

Vous le verriez recevant une foule d'amis, comme si chacun eust esté le seul, distinguant les uns par la qualité, les autres par le mérite, s'accommodant à tous, & ne se préferant à personne. Jamais il ne s'éleva sur son front serein aucun de ces nuages que forment le dégoust ou la défiance. Jamais il n'éxigea ni de circonspection gesnante, ni d'assiduité servile. On l'entendit, selon les temps, parler des grandes choses, comme s'il eust négligé les petites; parler des petites, comme s'il eust ignoré les grandes. On le vit dans des conversations aisées & familiéres, engageant les uns à l'écouter avec plaisir, les autres à luy répondre avec confiance, donnant à chacun le moyen de faire paroistre son esprit, sans jamais s'estre prévalu de la superiorité du sien.

Ces actions, MESSIEURS, vous semblent peut-estre communes. Mais qui ne sçait que la véritable vertu s'estend & se resserre quand il le faut, & qu'il y a de la grandeur à s'aquiter constamment des moindres devoirs? Dans les affaires d'éclat, où l'on est soustenu par le desir de la gloire, par les espérances de la fortune, par le bruit des acclamations & des loüanges, souvent on se contraint & l'on se déguise. Mais dans une vie particuliére & retirée, où l'ame, sans interest & sans précaution, s'abandonne à ses mouvemens naturels, on se découvre tout entier. Ce fut dans cette conduite ordinaire que M. DE LAMOIGNON fit paroistre ce qu'il estoit. Jamais il ne se démentit, jamais il ne se relascha. Dans les choses les moins importantes il ne laissa pas de suivre les grandes régles. Quoy-qu'il agist differemment, l'esprit qui le fit agir fut toûjours le mesme, & l'on reconnut aisément que la sagesse luy estoit devenuë comme naturelle, & que sa bonté constante, & toûjours égale ne venoit pas d'un effort de réfléxion, mais du fond de l'inclination qu'il y avoit, & de l'habitude qu'il s'en estoit faite.

Je me haste, MESSIEURS, de passer aux plus nobles effets de cette bonté, je veux dire, au soin qu'il eût des pauvres de JESUS-CHRIST. Prés des murs de cette Ville Royale s'éleve un vaste & superbe édifice, que l'autorité des Magistrats, & les aumosnes des Citoyens entretiennent depuis trente ans, & que Dieu, par des moyens que la prudence humaine ne prévoit pas, & que sa Providence a marquez, soûtiendra dans la suite des temps, malgré les relaschemens du siécle, & le refroidissement de la pieté. C'est-là que la faim est rassasiée, que la nudité est revestuë, que l'infirmité est guérie, que l'affliction est consolée, que l'ignorance est instruite, & que chaque espece de misére de l'ame ou du corps trouve une espece de miséricorde qui la soulage.

L'Hospital Général.

L'amour qu'on a naturellement pour l'ordre; l'honneur qu'on se fait d'avoir part aux grandes œuvres de piété; certaine ferveur qu'on a d'ordinaire pour les nouveaux établissemens, & sur tout la grace de JESUS-CHRIST qui ranime de temps-en-temps les ames tiédes: tout contribua d'abord à fonder cette sainte maison. Mais elle fut bientost ébranlée. Ceux qui avoient entrepris de la soustenir, tombérent eux-mesmes par des accidens imprévûs. On vit tarir tout-d'un-coup les principales sources de la charité. M. le Premier Président, par le droit de sa Charge, & plus encore par sa propre inclination, entreprit de maintenir un ouvrage que son illustre Prédécesseur avoit commencé avec tant de succés. *M. de Bellièvre.*

Quel soin ne prit-il pas de chercher des fonds en un temps où la misére estant augmentée, & la charité refroidie, les Pauvres avoient plus besoin de secours, & les Riches avoient moins de volonté & moins de moyens de les secourir? Quelle application n'eût-il pas pour établir la discipline parmi cette troupe de Mandiens renfermez, qui regardent souvent leur asile comme une prison, & qui croyent n'avoir rien à mesnager, parce qu'ils sentent bien qu'ils n'ont rien à perdre ? Quel ordre ne donna-t-il pas pour les accoustumer au travail & à la piété, afin qu'ils devinssent & plus agréables à Dieu, & moins à charge à la charité des Fidelles ?

Ce fut en ce temps qu'on le vit paroistre à la Cour, & y demander avec empressement des audiences. Qui n'eust dit que, sous prétexte de rendre compte de son employ, il cherchoit l'heureux moment de faire valoir ses services, & de haster les graces qu'il pouvoit esperer du Prince ? Qui n'eust pensé que c'estoit un hommage qu'il alloit rendre à la fortune, & qu'aprés avoir obtenu les dignitez, il recherchoit les biens qui manquoient encore à sa Famille ? Vous vous trompiez, Prudens du siécle ; il demandoit pour les pauvres en un lieu où l'on se fait un point d'habileté de ne demander que pour soy, & où l'on ignore aisément les miséres d'autruy, parce qu'on n'en ressent aucune. Il ne se piqua jamais tant d'estre persuasif, que dans ces sollicitations

tations charitables; & il ne fut pas si sensiblement touché des graces qu'on fit à sa Maison, que des secours qu'il obtint pour les Hospitaux.

Il ne s'arresta pas à la protection, MESSIEURS; il passa jusqu'aux assistances effectives, & il joignit à son credit ses propres aumosnes: car sans compter ces rosées fréquentes qu'il répandit sur les terres de sa dépendance, ni ces secours abondans qu'il contribua dans les calamitez publiques, il consacra ce qu'il retiroit tous les ans du travail actuel du Palais, à la subsistance des Pauvres. Il n'estoit pas content de leur avoir distribué du pain, s'il ne l'avoit gagné luy-mesme. Il ne leur offroit pas les restes de sa vanité, ou de sa fortune, mais les fruits de ses propres mains. Il leur distribuoit par la Miséricorde ce qu'il avoit aquis par la Justice. Cette portion de son bien luy estoit sacrée; il y mettoit son cœur comme à son tresor. Vous le sçavez, pieuse Confidente de ses aumosnes secrétes, qui luy rendez aujourd'huy les offices publics d'une sainte amitié; vous le sçavez, avec *Madame de Miramion.*

quelle joye il dispensoit ces revenus de sa charité, pour racheter ses pechez, & pour honorer Dieu de sa substance.

Que diront icy ceux qui parce qu'ils n'ont pas volé le bien d'autruy, croyent estre en droit d'abuser du leur; comme si l'aumosne n'estoit pas une obligation indispensable pour tous les Chrestiens, comme si l'on pouvoit abandonner les pauvres de JESUS-CHRIST, parce que d'autres les ont opprimez, & comme si l'on ne devoit rien à Dieu, parce qu'on n'a rien pris aux hommes ? Que diront ceux qui veulent donner par dévotion ce qu'ils ont ravi par violence, qui se promettent les récompenses des justes, parce qu'ils font quelques largesses de ces biens, qui sont le prix de leurs injustices, & qui se font honneur auprés des pauvres, des larcins mesmes qu'ils leur ont faits ? Qu'ils suivent l'exemple d'un homme juste, qui a ouvert son cœur & ses entrailles à ses freres, qui leur a fait une offrande pure du bien le plus legitimement aquis, & qui aprés avoir imité la bonté du Seigneur, l'a cherché par la pieté.

CE n'est pas sans raison, MESSIEURS, que l'esprit de Dieu, qui donne à chaque estat les instructions qui luy sont propres, ordonne aux Juges de la terre, de chercher le Seigneur; parce qu'estant d'un costé liez à une infinité de devoirs, & de l'autre estant regardez comme les arbitres du sort des hommes, il est difficile que leur esprit ne s'arreste ou à cette multiplicité d'affaires qui les occupe, ou à la complaisance de cette autorité qui les distingue. Il faut donc qu'ils sortent comme d'eux-mesmes, pour aller à Dieu par une pieté simple & sincére.

<small>In simplicitate cordis & sinceritate Dei. 2. Cor. 1. 12.</small>

Je dis par une pieté simple & sincére: car, MESSIEURS, il s'est élevé dans l'Eglise une espéce de Chrestiens, qui se faisant, aux dépens mesme de la dévotion, une réputation d'estre dévots, couvrent leurs passions sous une apparence de pieté, & sous un air exterieur de réforme, pour arriver plus facilement à leurs fins, & pour surprendre l'approbation du monde, en luy faisant accroire qu'ils ont déja celle de Dieu. Ce sont ces hommes, qui deviennent humbles pour pouvoir dominer, utiles afin de se rendre nécessaires; & qui jugeant de tout, se meslant de tout, & remuant mille ressorts, dont la Religion est toûjours le plus apparent, s'ils ne se font estimer par leur vertu, du moins se font craindre par leur cabale.

Je parle icy d'un veritable Chrestien, qui n'eût pour guide que la Foy, qui ne s'attacha qu'aux maximes de l'Evangile, qui ne fut ni d'Appollo, ni de Cephas, ni de Paul, mais de JESUS-CHRIST, qui réprima les Impies, & n'eût point de part avec les Hypocrites, & qui suivant non pas son interest, mais son devoir, & ramenant toutes choses à leur principe, conserva sa Religion pure, & trouva Dieu, parce qu'il ne le chercha que pour luy-mesme.

Entreray-je, MESSIEURS, dans les exercices secrets de sa piété? Diray-je qu'il déroboit le temps de son sommeil pour le donner à la priére? Qu'il commença toutes ses journées par un sacrifice qu'il fit à Dieu de luy-mesme? Que li-sant tous les jours à genoux quelques articles de la Loy de Dieu, il puisoit dans les pures sources de la verité, les regles de la veritable sagesse? Qu'il ne laissa passer aucune semaine sans rallumer sa ferveur par l'usage des Sacremens? Qu'il se rendoit compte à luy-mesme de tous les jugemens qu'il avoit rendus, & repassoit de temps en temps toutes les années de sa vie dans l'amertume de son ame, pour s'exciter à la pénitence? Diray-je qu'il se renferma soigneusement en luy-mesme, & ne montra de ses bonnes œuvres qu'autant qu'il en falloit pour édifier les peuples? Qu'il n'en interrompit jamais le cours dans ses plus grands embaras d'affaires; & que la coustume & la longue habitude qu'il en avoit, ne diminua rien de sa ferveur, ni de sa tendresse?

Mais il a donné plus d'étenduë à sa piété, & j'ay de plus grandes choses à dire que celles qui sont bornées à son salut particulier. Quel amour n'eût-il pas pour JESUS-CHRIST? Quel zele n'eût-il pas pour la Religion? D'où venoit ce soin qu'il prit de ramener les anciens ordres dans la premiére pureté de leur institut,

& de renouveller dans les enfans l'esprit de leurs peres, en réparant les bréches que le temps avoit faites à leur discipline ? D'où venoit cette protection qu'il donnoit à tous ces Ouvriers Evangéliques, qui vont planter la Croix sur les rivages étrangers, & semer la Foy de JESUS-CHRIST dans les Isles du nouveau monde ? D'où venoit cette joye intérieure qu'il ressentoit, lors qu'il voyoit dans le Clergé des hommes dignes de leur ministére, s'unir, & conspirer ensemble, pour dissiper par leurs instructions & par l'exemple de leur vie, les maximes d'erreur que le monde inspire à ceux qui le suivent ? Quel fut le principe qui le fit agir en ces occasions, sinon le zele qu'il eût pour l'Eglise ?

Permettez, MESSIEURS, que je reprenne icy mes esprits, & que je recueille ce qui me reste de force, pour vous représenter ce qu'il a fait pour la discipline. Qui ne sçait que l'Eglise estoit dans une espéce de servitude ? La jurisdiction séculiére ne laissoit presque plus rien à faire à la spirituelle. Sous prétexte d'empescher une trop auſtére domination, ou de maintenir des priviléges que la nécessité des temps a fait accorder, on renversoit l'ordre, & souvent on autorisoit la rebellion. Ceux qui secoüoient le joug de l'obéïssance, & qui ne défendoient leur liberté que pour entretenir leur libertinage, ne laissoient pas d'estre écoutez, & de trouver des protecteurs. Les Evesques n'avoient plus de droits qui fussent incontestables. Vouloient-ils punir un pécheur obstiné ? Une Justice estrangére leur ostoit des mains ces armes que JESUS-CHRIST mesme leur a données. Entreprenoient-ils de réprimer la licence ? Leur zele passoit pour une entreprise contre les loix. Ils gémissoient en secret, & ils portoient en vain de temps en temps leurs plaintes jusqu'au pied du Trosne.

Mais sous un Chef si religieux on a changé de Jurisprudence. Le droit naturel n'est plus étouffé par les exemptions. La brebis qui s'égare est renvoyée à son Pasteur. On confirme dans le Palais ce qu'on ordonne dans le Sanctuaire. Les pécheurs ne trouvent plus de refuge que dans leur propre pénitence ; & les Loix du Prince n'eſtant plus armées que pour faire obſerver celles de Dieu, chaque Prélat peut faire le bien, & corriger le mal ſans oppoſition. Sacrez Miniſtres de JESUS-CHRIST, dont ce grand-homme a ſi ſouvent ſouſtenu les droits, vous le loûaſtes dans vos Aſſemblées; vous luy rendiſtes par vos Députez des témoignages publics de reconnoiſſance. La capacité, la ſageſſe, & la piété de ſon illuſtre Succeſſeur vous promettent les meſmes ſecours; & vos vœux ſeront accomplis, quand cét Auguſte Parlement, qui doit eſtre la regle & le modele de tous les autres, leur aura communiqué ſon eſprit & ſes maximes.

Quelque gloire que M. DE LAMOIGNON ait aquiſe, en faiſant obſerver la diſcipline, je n'en parlerois qu'en tremblant, s'il ne l'avoit luy-meſme obſervée; je loûërois ſon autorité, & je me défierois de ſon deſintéreſſement. Mais comme ſes Jugemens ont eſté juſtes, ſa conduite de meſme a toûjours eſté irreprochable. Ne refuſa-t-il pas une grande Abbaye qu'on luy offrit pour un de ſes fils, parce qu'il qu'il n'estoit pas encore capable de se déterminer par son propre choix, & que la jouïssance d'un grand revenu luy pouvoit estre dans la suite un engagement à demeurer sans vocation dans l'estat Ecclesiastique. Où sont les Peres scrupuleux, qui négligent des moyens si seûrs & si faciles d'établir la fortune de leurs enfans; qui n'attirent sur eux du patrimoine de JESUS-CHRIST, quand ils ne peuvent leur donner du leur; & qui ne rachetent par des dispenses la foiblesse de leur volonté, & l'incapacité de leur âge? Heureux qui n'alla pas aprés les richesses! Plus heureux qui les refusa quand elles allérent à luy!

Il n'eût pas moins de soin d'examiner la vocation de ses deux vertueuses Filles qui portent le joug du Seigneur dans un des plus Saints Ordres de l'Eglise. De *L'Ordre de* quelle adresse n'usa-t-il pas pour décou- *la Visitation.* vrir si le desir qu'elles avoient de se consacrer à Dieu, estoit une résolution constante, ou une ferveur passagère? Combien de fois leur representa-t-il les conséquences dangereuses d'une retraite pré-

F

cipitée ? Avec quelle tendresse demanda-t-il à Dieu qu'il les déterminast par sa divine volonté, & qu'il les conduisist par sa sagesse ? Aprés leur avoir montré les vanitez du monde qu'elles avoient résolu de quitter, il leur fit voir les Croix où elles devoient estre attachées, & n'oublia rien de ce qui pouvoit l'asseûrer de la solidité d'un dessein qu'il luy estoit important de connoistre, & qu'il ne luy estoit pas permis de traverser.

Des vertus si pures & si chrestiennes furent comme autant de dispositions à une sainte & heureuse mort. Il ne fallut pas l'y préparer par de lentes infirmitez, ni la luy faire ressentir par de cruelles douleurs. L'ayant considérée depuis long-temps, non seulement comme nécessaire à tous les hommes, mais encore comme avantageuse aux Chrestiens, il en fut frapé, mais il n'en fut pas surpris. Son esprit heureusement rempli de funestes préssentimens de sa fin prochaine, se fortifia contre les craintes de l'avenir par de longues & sérieuses réfléxions qu'il y fit. Il regarda, sans s'étonner, l'appareil de son sacrifice. Il vit

Spiritu magno vidit ultima. Eccli. 47.

le monde prest à s'évanoüir pour luy, mais il ne l'avoit jamais crû solide. Il vit l'Eternité s'approcher, & il redoubla ses forces pour achever ce qui restoit à fournir de sa carriére. Il vit les Jugemens de Dieu, il les craignit; mais il les attendit avec confiance. Cét amour si vif & si tendre qu'il avoit eû pour sa Famille, se confondit insensiblement dans la charité qu'il avoit pour Dieu. Ainsi, dépouillé de toutes les affections du monde, il ne pensa qu'à son salut ; & ramenant toutes les créatures dans le sein de leur Créateur, il s'y rendit luy-mesme, pour s'aller joindre à son principe, & pour y recevoir la récompense de ses vertus.

N'attendez pas, MESSIEURS, que je fasse icy un dernier effort pour vous émouvoir à la pitié & à la douleur. J'offenserois cette Ame sainte, qui aprés avoir lavé dans le sang de JESUS-CHRIST, ces taches que le peché laisse en nous aprés nostre mort, joüit sans doute d'un bonheur éternel dans les Tabernacles du Dieu vivant. Vous le sçavez, mon Dieu, & je ne fais que le présumer : mais tant de gra-

F ij

ces que vous luy fistes, & tant de vœux qu'on vous a faits; JESUS-CHRIST tant de fois invoqué, tant de fois mesme immolé pour luy sur l'Autel, sans entrer trop avant dans vos Jugemens, me donnent cette confiance.

Puisse-t-il avoir receû de vos mains cette couronne de Justice que vous donnez à ceux qui vous aiment! Puissent ces flambeaux que la pieté Chrestienne a rallumez, estre les marques de sa gloire, plûtost que les ornemens de ses funérailles! Puisse ce sacrifice d'expiation qu'on offre pour luy, estre aujourd'huy un sacrifice d'action de graces! & vous, MESSIEURS, puissiez-vous faire revivre aprés sa mort les vertus qu'il a pratiquées, afin d'arriver à la gloire qu'il s'est aquise.

Extrait du Privilege du Roy.

PAR Lettres Patentes du Roy données à Saint Germain en Laye le 9. Mars 1679. signées JUNQUIERES, & scellées du grand Sceau de cire jaune, il est permis à l'Imprimeur que M. l'Abbé Fléchier aura choisi, d'imprimer l'*Oraison Funébre de M. le Premier Président de Lamoignon*, composée par ledit sieur Abbé. Avec défenses à toutes autres personnes, &c.

www.ingramcontent.com/pod-product-compliance
Lightning Source LLC
LaVergne TN
LVHW020057090426
835510LV00040B/1732